LA LOI DU 19 MAI 1874

ET LE

CASIER JUDICIAIRE DES INDUSTRIELS

Par Arthur MÉRICE

Officier d'Académie.

PARIS

IMPRIMERIE CHAIX

SOCIÉTÉ ANONYME

(Succursale B), rue de la Sainte-Chapelle, 5.

1890

LA LOI DU 19 MAI 1874

ET LE

CASIER JUDICIAIRE DES INDUSTRIELS

Par Arthur MÉRICE
Officier d'Académie.

PARIS
IMPRIMERIE CHAIX
SOCIÉTÉ ANONYME
(Succursale B), rue de la Sainte-Chapelle, 5.

1890

LA LOI DU 19 MAI 1874

ET LE

CASIER JUDICIAIRE DES INDUSTRIELS

Les industriels se plaignent unanimement qu'on fasse figurer à leur casier judiciaire les condamnations par eux encourues pour infractions à la loi du 19 mai 1874. Il est de règle, en effet, d'inscrire au casier judiciaire tous les jugements et arrêts portant condamnation. Il n'est pas fait d'exception pour les condamnations résultant de la loi sur le travail des enfants dans les manufactures, bien que cette loi soit de beaucoup postérieure à l'établissement du casier judiciaire. On étend, paraît-il, cette inscription à toutes les lois pénales. La pratique des greffiers est invariable sur ce point ; et on ne doit pas s'arrêter aux dénégations des personnes intéressées à maintenir et à dissimuler un état de choses dont les industriels sont justement irrités.

Nous soutenons que la situation ainsi créée aux industriels est aussi illégale qu'intolérable. Nous allons essayer de le prouver.

« L'attribution à la juridiction correctionnelle de la connaissance des contraventions à la loi du 19 mai 1874, dit M. Tallon, *Manuel pratique, page 471, 3e édition*, entraîne l'inscription au casier judiciaire des condamnations prononcées contre les industriels. » Et plus loin, page 488, pour le cas de récidive : « L'existence d'un précédent jugement pour contravention à cette loi est établie par la production du casier judiciaire ou de la copie du jugement même. »

Dès lors, on se fait aisément idée du mécontentement de l'industriel qui croyait pouvoir justifier d'un passé indemne, soit devant les tribunaux, soit dans les cas prévus par le décret du 10 avril 1877, soit en toute autre occurrence, quand au lieu de la mention *Néant* sur laquelle il comptait, il trouve son casier judiciaire enrichi d'une ou de plusieurs condamnations correctionnelles encourues, il est vrai, pour de simples contraventions, mais que rien ne distingue aux yeux des tiers des véritables délits, et qui suffisent, dans un cas donné, pour le classer au rang des récidivistes. Son nom porte une tache indélébile, sans réhabilitation possible, et que la prescription trentenaire elle-même est impuissante à effacer.

Est-ce bien là ce qu'a voulu la loi du 19 mai 1874 ? Ses dispositions comportent-elles une pareille conséquence ?

Pour nous en rendre compte, empruntons d'abord au *Commentaire* de MM. Nusse et Périn le parallèle qu'ils établissent entre le délit et la contravention, *page 120 :*

« L'importance de la distinction entre les délits et les contraventions est multiple. La contravention existe par cela seul qu'un fait a eu lieu, sans qu'il y ait à rechercher s'il a été commis intentionnellement. Le juge qui en constate plusieurs doit cumuler les amendes. Les règles de la complicité ne sont pas applicables en matière de contravention, les auteurs de la contravention étant seuls punissables. Ces infractions sont de la compétence du tribunal de simple police. Enfin, il y a récidive si dans les douze mois précédents, il a été rendu contre le coupable un premier jugement dans le ressort de la même Justice de Paix.

» Au contraire, le délit, pour exister, exige le double élément du fait matériel et de l'intention;

il est poursuivi devant le tribunal correctionnel. Le prévenu convaincu d'avoir commis plusieurs délits ne peut être atteint que de la peine la plus forte. Les complices sont frappés de la même peine que les auteurs. L'état de récidive n'existe légalement que si le coupable a été condamné antérieurement à plus d'une année de prison. » Il existe, peut-on ajouter, quelque long que soit le temps écoulé depuis la première condamnation, et quelle que soit la juridiction qui prononce la seconde peine.

Aussi MM. Nusse et Périn tirent-ils de ces prémisses les conclusions suivantes, nos 272 et 274 de leur Commentaire :

« Les infractions punies par la loi de 1874 tiennent du délit : 1° quant à la compétence qui est celle du tribunal correctionnel ; 2° quant à la quotité des amendes, dont le minimum excède le taux de simple police ...

» A tous autres égards, en dehors des dérogations au droit commun formulées par un texte, elles demeurent des contraventions. »

Alors, les jugements qui les punissent ne doivent pas être portés au casier judiciaire. Cette conséquence résulte nécessairement des principes.

Du reste, la loi du 19 mai 1874 n'a pas inauguré le système des simples contraventions déférées aux tribunaux correctionnels. L'article 192 du Code d'instruction criminelle prévoyait déjà le cas où un tribunal correctionnel connaît d'une simple contravention. Quand cette éventualité se présente, il n'est pas dressé de bulletin pour le casier judiciaire. Telle est la règle, à laquelle est conforme la jurisprudence du Parquet de Paris ; à plus forte raison ne doit-on pas s'en écarter quand il s'agit des contraventions prévues par la loi du 19 mai 1874

A examiner la question au point de vue historique, la solution n'en paraît pas moins s'imposer d'une manière irrésistible. La loi du 22 mars 1841 qui sert de point de départ à la législation sur le travail des enfants dans les manufactures, usines ou ateliers portait, article 12 : « Au cas de contravention à la présente loi ou aux règlements d'administration publique rendus pour son exécution, les propriétaires ou exploitants des établissements seront traduits devant le juge de paix du canton, et punis d'une amende de simple police. »

Les infractions ainsi prévues n'étaient donc que de simples contraventions, bien que le paragraphe 3 du même article contînt la disposition suivante, qui constitue une bizarrerie au point de vue du droit pénal : « S'il y a récidive, les propriétaires ou exploitants seront traduits devant le tribunal de police correctionnelle. »

On découvre sans peine dans ce texte le germe du système adopté depuis par la loi du 19 mai 1874. Cette dernière loi, en effet, ne pouvait enlever aux infractions qu'elle prévoit leur essence purement contraventionnelle. Seulement, au lieu de ne les déférer au juge correctionnel qu'au cas de récidive, elle lui en attribue la connaissance *de plano*, en l'enlevant au juge de simple police.

La discussion de la loi du 19 mai 1874 ne peut laisser le plus léger doute sur la qualification applicable aux infractions énumérées dans sa section IX. M. Eugène Tallon, qui en était rapporteur, rectifie d'abord, en s'appuyant sur l'autorité alors décisive de M. Grévy, une confusion commise par l'un des préopinants entre la désignation et le caractère de ces infractions. « On sait, dit-il (Nusse et Périn, page 316) que le Code pénal, dans son article premier, a qualifié de contraventions les infractions que les lois punissent de peines de police, et de délits les infractions que les lois punissent de peines correctionnelles ; mais à côté de cette règle générale d'après laquelle la qualification de délit ou de contravention serait assujettie à la quotité de la peine, il est nécessaire, pour arriver au point de vue juridique à une appréciation exacte de l'infraction, de distinguer son caractère de sa désignation elle-même. Ainsi, on ne peut pas faire que l'infraction à la loi résultant d'un fait matériel indépendant de l'intention, ne soit pas une contravention ; on ne peut empêcher davantage qu'il n'y ait délit, lorsque l'agent du fait incriminé a manifesté une intention délictueuse. »

Poursuivant le cours de son argumentation, le savant rapporteur établit que le caractère de contravention appliqué à un fait doit ressortir de sa nature même ; que la loi en discussion ne prévoyait que des faits matériels, tels que l'âge de l'enfant, la durée de son travail, la salubrité des ateliers, etc. ; que ces faits sont indépendants en général de toute intention délictueuse, et que la faute commise à cet égard est ordinairement étrangère à la volonté de celui à qui en droit elle est imputable.

« Nous avons constamment attribué, conclut-il, le caractère de contravention, au point de vue juridique, aux faits prévus dans notre projet de loi. » Et plus loin, page 319 : « La plupart du temps, le chef d'industrie pèche seulement par inadvertance. Il était dès lors nécessaire qu'il ne pût se retrancher derrière une exception de bonne foi ; dès lors aussi, nous avons nettement affirmé que nous entendions attribuer aux faits énoncés dans la loi, le caractère juridique de la contravention. »

Ainsi, il est bien entendu que c'est pour mieux atteindre les industriels et les frapper plus sûrement, que la dénomination de contravention a été conservée par la loi du 19 mai 1874 aux infractions commises par les industriels. Le rapporteur de cette loi n'hésite pas à en faire l'aveu dépouillé d'artifice ; on ne peut lui reprocher d'avoir fait mystère de ses intentions.

M. Paulin Gillon, à la suite de ces débats, en vue d'arriver à une clarté plus grande suivant lui, avait proposé une rédaction portant expressément que les infractions à la loi projetée conserveraient le caractère de contraventions, bien que donnant lieu à poursuite devant les tribunaux correctionnels. Peut-être se méfiait-il vaguement de quelque piège dissimulé sous la mansuétude apparente des déclarations du rapporteur. Mais celui-ci a fait rejeter son amendement en le déclarant inutile. « Les explications fournies au nom de la Commission, disait-il, ont très nettement déterminé ses intentions, et il n'y a plus à insister sur leur portée. » Cette déclaration a entraîné l'adoption de la section IX de la loi.

On se trouve donc ici en présence d'infractions qui portent le caractère juridique des contraventions, en présence de condamnés se prévalant avec juste raison de leur bonne foi et innocents d'intention, par conséquent non coupables puisque c'est l'intention seule qui constitue le délit. La loi du 19 mai 1874 l'a bien entendu ainsi, puisque en aucun cas, même quand il y a récidive, elle ne leur inflige l'emprisonnement. Plus soigneuse de leur réputation et de leur autorité que la loi actuellement en préparation, elle ne les punit que de peines pécuniaires. Pourquoi alors, quand elle les a traités avec de tels ménagements, les assujettir à la plus pénible des conséquences qu'entraînent les véritables délits, à la flétrissure ineffaçable qui résulte de la mention de leur condamnation à leur casier judiciaire ? C'est là une pénalité indirecte et illégale, plus cruelle que la pénalité directe et légale dont elle devient à tort le corollaire.

Les industriels français ne sont pas des malfaiteurs. Ceux d'entre eux qu'atteignent, le plus souvent par surprise, les pénalités édictées par la loi du 19 mai 1874, sont d'ordinaire des gens justement considérés, faisant vivre un plus ou moins grand nombre d'ouvriers ; il en est plusieurs qui consacrent leur vie et leur fortune à maintenir au premier rang l'industrie nationale. On doit les encourager et les honorer, et non les dégoûter de leur tâche toujours difficile, en semant leur route de vexations, qui les humilient et leur font perdre le prestige dont ils ont besoin.

Nous avons parlé de surprise ; n'a-t-on pas vu des industriels condamnés pour avoir rempli les formules ou feuilles de registre qui leur avaient été remises par l'Inspection ? Ces formules, toujours insuffisantes, et conçues par un esprit évidemment rebelle à l'idée même de la légalité, avaient été consciencieusement et aveuglément suivies par les industriels. Les magistrats y ont trouvé des lacunes, dont les industriels ont en vain rejeté la responsabilité sur l'Inspection. Les tribunaux n'ont pas accepté cette excuse. Ils ont décidé, en condamnant les industriels, que ceux-ci avaient tort de se fier à un inspecteur, fût-il divisionnaire, et que l'Inspection comprenait mal le texte de la loi à l'exécution de laquelle elle est préposée. Tant pis pour l'industriel qui se fourvoie ! Tant pis pour lui si l'Inspection l'égare au lieu de le guider ! Comme c'est sur l'indication de l'Inspection qu'ont lieu les poursuites, on est autorisé à dire que c'est un traquenard qu'elle tend aux industriels en leur distribuant ses feuilles de registre. Malheur à qui s'y laisse prendre ! Il est infiniment regrettable que les condamnations prononcées dans de telles conditions entachent le casier judiciaire de plusieurs industriels pour le restant de leurs jours.

L'obligation pour le greffier de porter une condamnation au casier judiciaire résulte, non de la juridiction qui l'a prononcée, mais seulement de la nature de l'infraction. Nous l'avons dit plus haut, en nous fondant sur l'article 192 du Code d'instruction criminelle. C'est là, du reste, la conséquence des articles 600 et 601 du même Code, qui servent de clé de voûte à l'organisation des casiers judiciaires. Il est contraire à l'essence même de ce système de l'appliquer, soit aux contraventions en général, soit à certaines contraventions en particulier.

Une question se pose ici tout naturellement : pourquoi, puisque les infractions à la loi du 19 mai 1874 sont de pures contraventions, n'en avoir pas laissé la connaissance aux tribunaux de simple police ? D'où vient cette anomalie de juridiction qui jette la confusion dans la classification si simple et si correcte qui est établie par l'article premier du Code pénal ? On chercherait vainement une réponse à ce problème dans la discussion de la loi et dans les nombreux commentaires auxquels elle a donné naissance; tous sont muets sur ce chapitre. Mais il est facile de suppléer à leur silence. Le législateur de 1874 ne pouvait transformer en délits les infractions à la loi sur le travail des enfants ; d'abord à cause du précédent créé par la loi du 22 mars 1841, puis et surtout parce que s'il les avait envisagées comme telles, elles auraient échappé le plus souvent à la répression, faute de l'élément constitutif du délit. D'un autre côté, il voulait une sanction rigoureuse pour laquelle les tribunaux de simple police ne lui paraissaient pas présenter de garanties suffisantes. Le ministère public y est faiblement représenté ; le juge est débonnaire. Enfin l'inculpé se trouverait être dans bien des cas le personnage le plus influent du canton. Le législateur a donc eu recours à un biais pour arriver à ses fins, et il a sacrifié l'économie de notre système pénal à des considérations plus puissantes à ses yeux. Mais ce serait faire injure au bon sens que de prêter à la loi du 19 mai 1874 une portée captatoire et pharisaïque, de la transformer en une sorte de Janus à deux visages, en appliquant aux infractions, suivant le besoin de la cause, la qualification la plus défavorable à l'inculpé, tantôt celle de contravention quand il s'agit de lui enlever l'excuse de la bonne foi et de le soumettre tant à la récidive qu'au cumul des peines, tantôt celle de délit, pour lui imprimer la flétrissure du casier judiciaire.

La réforme que nous réclamons rencontrera, nous le craignons, certaines résistances. Nous cherchons à supprimer un abus, et on va nous accuser de conspirer le bouleversement de l'organisation des casiers judiciaires. Nous retournerons sans hésiter cette accusation à ceux qui nous l'adresseraient ; ce sont eux au contraire qui en faussent l'application, et qui détournent de son véritable emploi un mécanisme dont les rouages sont spéciaux aux crimes et délits. L'établissement des casiers judiciaires remonte à 1850 ; et si les légistes qui en ont eu le mérite avaient pu connaître les pénalités édictées par la loi du 19 mai 1874, ils les auraient nécessairement laissées en dehors de leur sphère d'action. Ils les en ont du reste exclues implicitement par avance, puisque les circulaires ministérielles qui régissent la matière sont muettes à l'égard des condamnations motivées par des contraventions.

Voici donc à quoi se réduiraient les seules objections qu'il nous soit possible de prévoir :

On nous opposera d'abord le principe que tout jugement ou arrêt contradictoire ou par défaut rendu en matière correctionnelle et devenu définitif, donne lieu à une constatation par bulletin. Sur ce premier point, la réponse est facile. Les condamnations prononcées en vertu de la loi du 19 mai 1874, bien qu'émanant de juges correctionnels, ne sont pas correctionnelles; elles n'ont pour objet que de simples contraventions dont les juges correctionnels ne connaissent qu'en vertu de la dérogation apportée dans notre système pénal par la loi du 19 mai 1874. Du reste, parmi les condamnations incontestablement correctionnelles, il en est une foule, comme la multitude de celles prononcées à la requête d'administrations publiques, et notamment pour délits forestiers, qui ne sont jamais portées au casier judiciaire. Ce n'est pas qu'elles soient l'objet d'une faveur ; mais en premier lieu les administrations qui les ont obtenues en tiennent bonne note ; en second lieu, comme les frais de justice pour cette classe de délits sont généralement d'un recouvrement incertain, et que les condamnés de cette catégorie sont souvent d'une insolvabilité absolue, on n'a pas voulu grossir leur note de la faible rémunération allouée au greffier pour le bulletin. La règle souffre donc des exceptions, et des exceptions nombreuses ; il faudrait les étendre aux condamnations encourues en vertu de la loi du 19 mai 1874, si la règle embrassait les cas prévus par cette loi.

On alléguera ensuite qu'en général les extraits des casiers judiciaires ne sont délivrés qu'à l'intéressé lui-même et sur sa demande, et qu'il est difficile d'obtenir l'extrait du casier judiciaire d'un tiers (1). Mais ce n'est là qu'un obstacle apparent ; les administrations publiques,

(1) Un décret du 9 janvier 1890 modifie les conditions dans lesquelles cette pièce peut être obtenue.

la Préfecture de Police la première, et avec elles beaucoup de chefs d'établissements privés, exigent de tout postulant à un emploi quelcon que la production de son casier judiciaire. A l'étranger aussi, il est passé en habitude dans les grandes maisons de commerce, de faire pareille demande à tout Français qui leur propose d'entrer en relations avec elles. La délivrance, même à l'intéressé seul, d'un extrait entaché d'une condamnation, lui ferme la porte d'une foule de carrières et suffit, s'il est dans le commerce, pour lui rendre les affaires impossibles. C'est une aggravation de peine, et on ne peut pas dire que la loi l'ait prévue, quand elle qualifie de simples contraventions les infractions à la loi du 19 mai 1874.

Enfin, nous dit-on, quel moyen y aura-t-il de constater la récidive, quand un industriel, à la tête de deux établissements dont chacun ressortit à un tribunal différent, sera poursuivi pour infraction commise dans l'une de ses deux manufactures, moins de douze mois après une condamnation encourue à cause d'une première infraction commise dans l'autre ? Nos adversaires croient cette objection triomphante, et ils auraient raison si la faute devait être considérée tantôt comme un délit, tantôt comme une contravention, ou tout à la fois comme un délit et comme une contravention, suivant que l'une ou l'autre de ces acceptions est plus défavorable à l'industriel. Mais leur hostilité ne peut empêcher que la loi et la jurisprudence ne soient d'accord pour qualifier de *contraventions* les infractions à la loi du 19 mai 1874. Or, l'article 483 du Code pénal porte, qu'en matière de contravention, la récidive n'a lieu qu'autant que les contraventions auront été commises dans le ressort du même tribunal.

On insistera peut-être en prétendant qu'à Paris la récidive pourra ne pas être connue et échapper à la répression, surtout si la seconde infraction est déférée à une chambre correctionnelle autre que celle qui a connu de la première. Comment, en ce cas, les juges, le ministère public et le greffier sauront-ils qu'ils sont en présence d'un inculpé déjà condamné dans les douze mois précédents, si son casier judiciaire ne porte pas cette première condamnation ? Nous n'avons qu'un mot à répliquer : c'est qu'une pareille hypothèse est une insulte à l'Inspection. Comment ! elle aura obtenu contre un industriel depuis moins d'un an une condamnation que l'inspecteur divisionnaire ne peut pas ignorer, puisque le Parquet l'avise de la suite donnée aux procès-verbaux de son service ; et un second procès-verbal pourra être dressé contre le même industriel, sans que personne, ni l'inspecteur départemental ou l'inspectrice départementale qui en prend l'initiative, ni l'inspecteur principal chargé de surveiller les autres, ni l'inspecteur divisionnaire lui-même, s'aperçoivent qu'il a été obtenu, moins de douze mois auparavant, une condamnation pour même cause contre le même industriel ! Ajoutons que ce n'est pas le nombre des condamnations qui peut surcharger la mémoire du personnel de l'Inspection. Il y a eu en tout 46 condamnations dans la première circonscription, pour chacune des deux années 1887 et 1888. L'inspecteur divisionnaire qui, dit-on, appose son visa sur tous les procès-verbaux, n'a qu'à y mentionner la récidive quand il y a lieu. A quoi servent ces fameuses archives de l'Inspection qui remplissent le ministère du Commerce, et qui renferment tant de mystères ? N'y consigne-t-il pas les condamnations obtenues par son service ? Les calculs du salaire moyen et des chevaux-vapeur y prennent-ils toute la place, au détriment des renseignements qui pourraient quelquefois être de quelque utilité ? Nous parlions tout à l'heure des délits forestiers qui, comme les contraventions à la loi du 19 mai 1874, sont punis pour la récidive dans les douze mois, et qui, à la différence de celles-ci, ne sont pas portés au casier judiciaire. Il en est tenu note dans les bureaux du conservateur; les gardes, les inspecteurs s'en souviennent sans un trop grand effort de mémoire. Et dans ces conditions, la répression des délits s'effectue assez régulièrement pour que le Code forestier, promulgué en 1827, n'ait pas eu besoin de remaniements depuis cette époque.

Il nous paraît donc indispensable d'élaguer du casier judiciaire toute condamnation résultant d'une infraction dont le caractère n'est pas délictueux.

Les industriels gémissent depuis longtemps de l'abus qu'on fait contre eux des dispositions de la loi du 19 mai 1874. Ils s'en sont vengés une fois, en faisant échouer la candidature d'un homme de talent, ancien député, dont la réélection aurait été certaine, s'il n'avait été suspect à leurs yeux d'être pour quelque chose dans des mesures de rigueur dont ils avaient été victimes.

Dans tous les cas, nous sommes certain de soutenir une cause juste, en insistant pour que les condamnations dont peuvent être frappés les industriels, en vertu de la loi du 19 mai 1874 ou de toute autre qui pourra la remplacer, n'entraînent pas pour eux, contrairement aux principes fondamentaux du droit, cette note d'infamie qui résulte de la mention du jugement à leur casier judiciaire.

D'après un projet de loi présenté par M. Béranger et actuellement en discussion au Sénat, les condamnés pour un premier délit sont dispensés de leur peine, et la condamnation par eux subie ne doit pas être portée à leur casier judiciaire. Ainsi, un individu condamné pour tentative de meurtre ou pour vol sera frappé moins sévèrement par la justice, qu'un industriel convaincu d'une simple contravention et atteint d'une simple amende ! Il n'y a pas de comparaison possible entre les deux culpabilités, nous ne le répéterons pas ; et cependant, la loi n'a pas assez d'indulgence pour celui des deux qui est le seul coupable, en réservant toutes ses rigueurs pour l'innocent. Non ! Il n'est pas possible que la loi du 19 mai 1874 continue à être interprétée, ou que la loi qui la remplacera puisse être entendue, d'une façon qui blesse l'équité la plus élémentaire, en atteignant dans leur honneur toute une classe de citoyens recommandables.

PARIS. — IMPRIMERIE CHAIX (SUCC. B), 5, R. DE LA SAINTE-CHAPELLE. — 1338-90.

www.ingramcontent.com/pod-product-compliance
Ingram Content Group UK Ltd.
Pitfield, Milton Keynes, MK11 3LW, UK
UKHW032036260826
14628UKWH00007B/3004

9 782019 295899